L'IMAGE [illegible] ANIMAL

LES INSECTES

Conception et textes
Émilie BEAUMONT

Images
Marie-Christine LEMAYEUR
Bernard ALUNNI

FLEURUS

FLEURUS ÉDITIONS, 15-27, rue Moussorgski, 75018 PARIS
www.fleuruseditions.com

LES INSECTES

Les insectes forment la plus importante famille animale de la planète. Le mode de vie de certaines espèces est parfois nuisible à l'environnement. Tout au contraire, d'autres ont des mœurs bénéfiques à l'équilibre naturel. L'insecte a une tête avec deux yeux plus ou moins développés, deux antennes et une bouche constituée de plusieurs éléments appelés mandibules, un thorax sur lequel s'accrochent trois paires de pattes et deux paires d'ailes et un abdomen. La larve de nombreux insectes subit une métamorphose avant de devenir adulte.

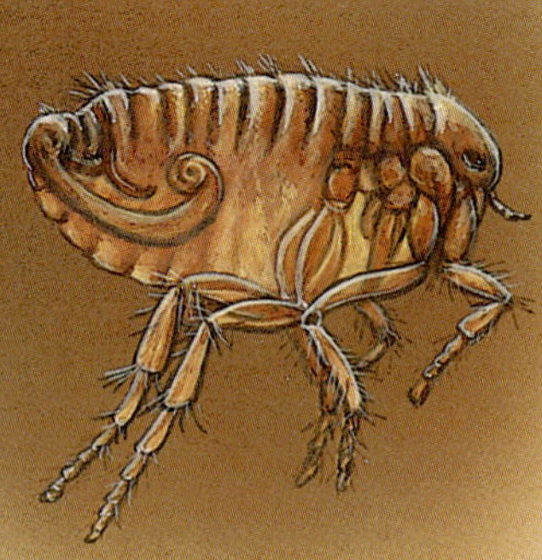

La puce *est un tout petit insecte qui vit dans les poils des animaux. Elle fait des bonds très importants. Elle est capable de sauter 130 fois sa hauteur !*

Le pou de corps *n'a pas d'ailes. Il vit dans les chevelures. Il pique la peau et suce le sang en provoquant des démangeaisons. La femelle accroche ses œufs, appelés lentes, sur les cheveux.*

Les termites

Les termites vivent en sociétés bien organisées, comme les fourmis. Les ouvriers sont chargés de trouver la nourriture et de construire la termitière, que protègent les soldats bien qu'ils soient aveugles. La reine ne cesse de pondre et le roi reste toujours près d'elle pour la féconder. Les termites sont des insectes dangereux, car ils consomment du bois et sont capables de réduire en poussière les plus grosses poutres d'une maison jusqu'à ce qu'elle s'écroule.

La termitière peut mesurer plusieurs mètres de haut, l'équivalent d'une maison de deux étages ! Elle est érigée en plein milieu d'une plaine ou contre un arbre, avec de la terre argileuse, de la salive et des excréments. Les fourmiliers et les pangolins attrapent les termites à l'aide de leur longue langue.

La reine a un abdomen énorme et pond jusqu'à 1 500 œufs par jour.

La punaise a des ailes antérieures coriaces, c'est-à-dire dures, qui protègent ses ailes postérieures. Elle pique animaux et plantes pour sucer la sève et le sang. Elle dégage une forte odeur qui dissuade ses prédateurs.

Le perce-oreille est un insecte nocturne. Il maintient ses proies dans les appendices en forme de pince situés au bout de son abdomen. Il est carnivore mais peut être nuisible aux plantes.

La blatte est un insecte plat. Ses ailes sont coriaces. Elle s'active surtout la nuit et se faufile dans les maisons, où elle trouve chaleur et nourriture. Elle fuit à toute vitesse au moindre danger.

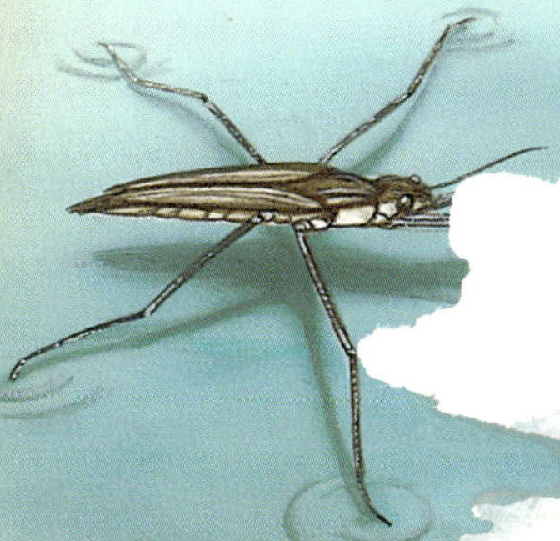

Le gerris est aussi appelé araignée d'eau. C'est une punaise aquatique qui évolue à la surface et se nourrit d'insectes tombés. Il plonge rarement et vole très mal.

Le phasme

C'est une brindille à pattes qui peut rester immobile pendant des heures. Il se nourrit surtout la nuit de quelques feuilles. Les plus grands phasmes peuvent mesurer jusqu'à 40 cm.

La mante religieuse

Cet insecte est un redoutable chasseur. Elle attend sa proie sans bouger et, dès qu'elle est à sa portée, elle fonce dessus et l'attrape avec ses longues pattes de devant. Elle dévore aussi parfois son mâle, qui devient alors une nourriture pour elle et ses petits sortis de l'œuf.

Les fossoyeurs

Ce sont de drôles d'insectes, car ils font disparaître les cadavres des animaux qu'ils trouvent sur leur passage. Ils les enfouissent dans le sol et les recouvrent de feuilles. La femelle pond ses œufs sur l'animal qui servira de nourriture aux petites larves qui naîtront.

Le bousier

Cet insecte adore les bouses de vache, qu'il décortique en centaines de petites boules. Il les fait rouler jusque dans son terrier, où il les mange. La femelle pond d'ailleurs sur ces petites boules afin que ses larves s'en nourrissent.

LES GUÊPES

C'est au printemps que chaque guêpe femelle construit son nid, puis se met à pondre dans chaque petite loge. Elle nourrit ensuite les larves qui sortent des œufs et qui donnent naissance à des guêpes ouvrières. Celles-ci sont chargées de nourrir les nouvelles larves et d'agrandir le nid. En été, elles construisent des loges plus spacieuses pour les larves, qui, mieux nourries, deviendront des guêpes pondeuses ou des mâles. Après l'accouplement, qui se fait en dehors du nid, les guêpes fécondées s'endorment dans un endroit tranquille pour l'hiver.

La construction du nid

Les guêpes ont inventé depuis longtemps la pâte à papier. En effet, pour construire leurs nids, elles recueillent des bouts de bois qu'elles mâchent et mélangent à leur salive. La pâte obtenue est ensuite utilisée pour fabriquer le nid.

Les guêpes aiment les fruits mûrs, les petits insectes et les substances sucrées, comme le nectar des fleurs. En été, elles nourrissent leurs larves essentiellement de chenilles. En automne, quand il n'y a plus de chenilles, elles mangent surtout des fruits et deviennent alors des insectes nuisibles.

De l'une des loges sort une guêpe qui vient de naître.

Une vraie tueuse

Il existe une sorte de guêpe, très grosse, qui capture des araignées ou des chenilles et qui les paralyse en les piquant.

Le nid ressemble en général à une grosse poire retournée, suspendue à une branche. À l'intérieur, il y a différents étages constitués de petites loges. On trouve aussi des nids dans la terre ou dans les rochers.

Dans le corps de l'animal encore vivant, la guêpe pond son œuf. Quand la larve naît, elle a ainsi de la nourriture à sa disposition.

La guêpe

L'abeille

Le frelon est une grosse guêpe. Sa piqûre est très douloureuse.

Guêpe ou abeille

L'abeille est plus dodue et plus poilue que la guêpe, qui, elle, a la taille très fine. La guêpe est jaune rayé de noir. Elles vivent toutes les deux en colonies, mais seule l'abeille vit dans une ruche et fabrique du miel. De plus, une abeille ne peut piquer qu'une seule fois, car son dard en forme de harpon reste accroché dans la peau. La guêpe est capable de piquer plusieurs fois, car son dard est lisse.

LE MOUSTIQUE

Le moustique appartient à la même famille que la mouche, c'est-à-dire à celle des insectes qui n'ont que deux ailes, contrairement à la coccinelle qui en a quatre. La seconde paire d'ailes est atrophiée en deux tiges appelées haltères, qui servent de balanciers. Les moustiques vivent partout sur la Terre et ils sont capables de résister aux températures les plus froides comme les plus chaudes. Le moustique adulte a une vie très courte, deux ou trois semaines, pendant laquelle il va se reproduire en partant à la recherche d'une femelle.

Le moustique pique

Seule la femelle pique. Ce n'est pas pour se défendre, comme la guêpe, mais parce qu'elle a besoin de sang pour faire grossir ses œufs. Le danger est qu'elle peut sucer le sang d'une personne malade et transmettre la maladie en piquant quelqu'un d'autre. Le moustique mâle se nourrit surtout du nectar des fleurs.

Le mode de vie du moustique

Le moustique ne peut avaler d'aliments solides alors il lèche ou aspire des matières pourries et des liquides avec sa langue. Sa bouche s'allonge et forme un rostre semblable à une trompe. Le mâle est attiré par la femelle à cause des bruits qu'elle émet lorsqu'elle vole. Si elle est immobile, il reste indifférent.

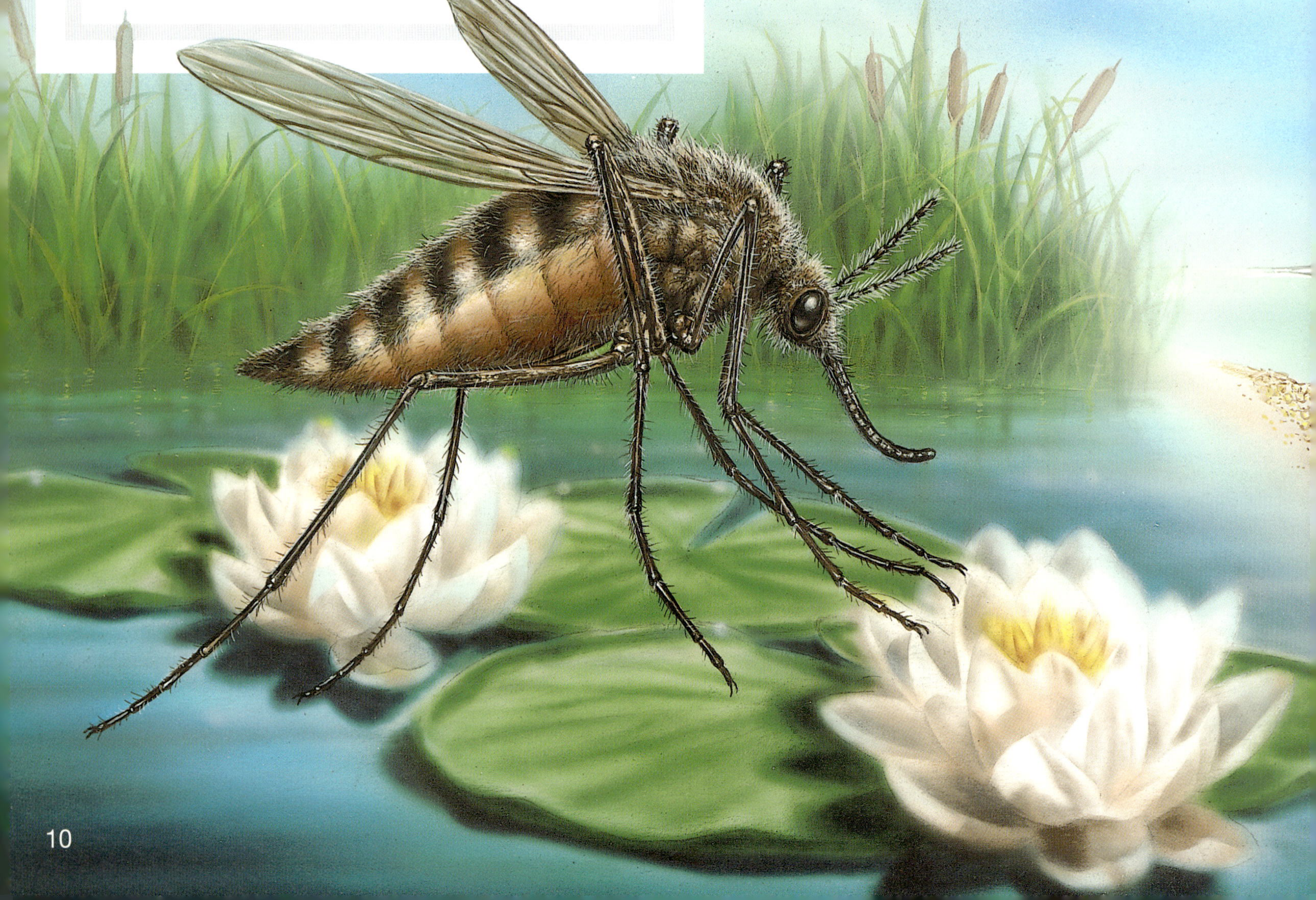

Le moustique a des ennemis

Les ennemis des moustiques sont les oiseaux, qui les attrapent en plein vol. L'hirondelle, par exemple, en gobe une très grande quantité. Lorsqu'ils sont dans l'eau, à l'état de larves, leurs principaux prédateurs sont les poissons.

La reproduction du moustique

① La femelle dépose ses œufs dans l'eau, aussi bien dans un étang, un fossé, que dans le creux humide d'un arbre. Elle pond partout où il y a de l'eau qui stagne. Les œufs flottent à la surface pendant un jour ou deux, grâce à de petits flotteurs transparents et remplis d'air.

③ Chaque larve se transforme ensuite en nymphe d'où sort, quelques jours plus tard, un moustique adulte, qui prend son envol.

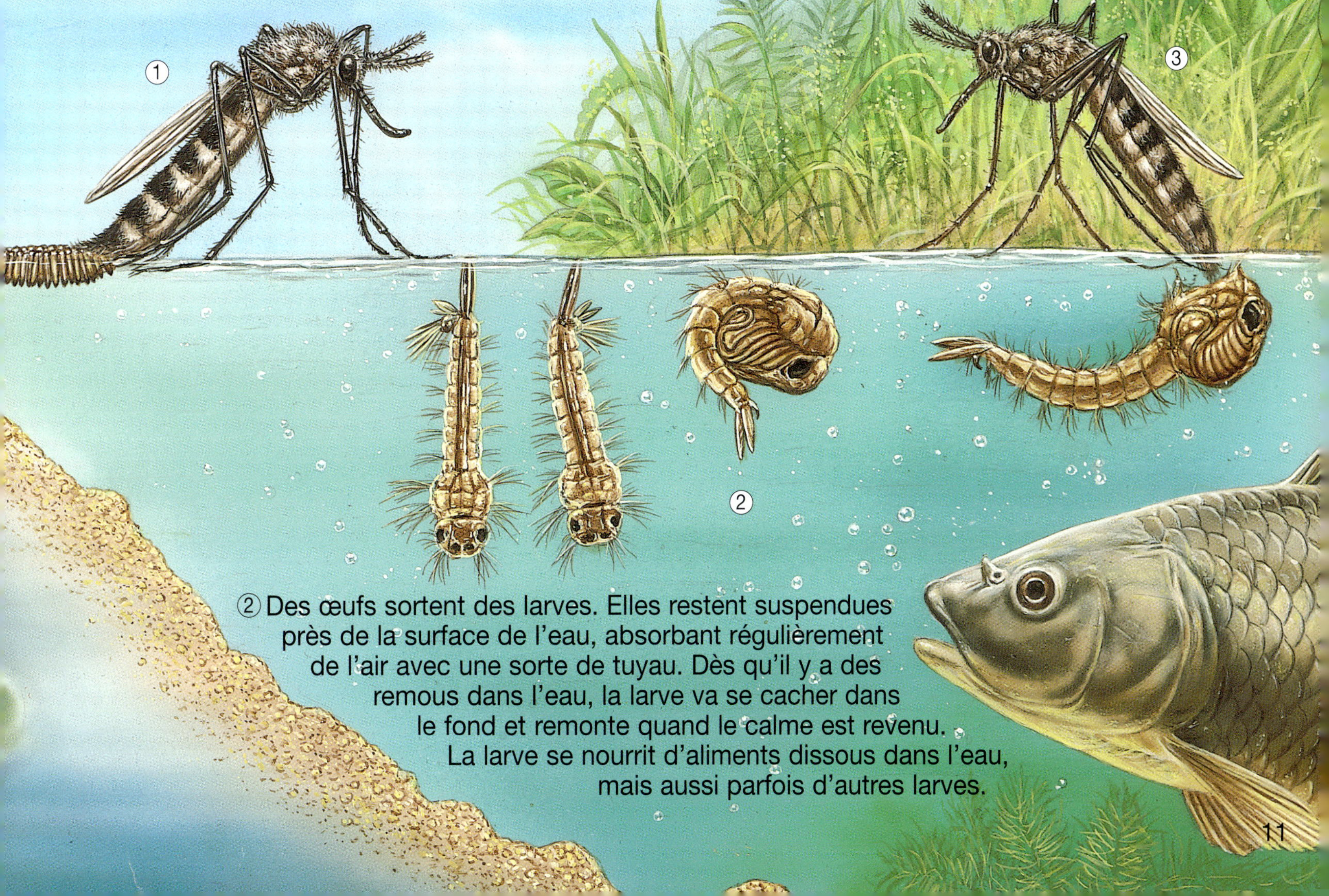

② Des œufs sortent des larves. Elles restent suspendues près de la surface de l'eau, absorbant régulièrement de l'air avec une sorte de tuyau. Dès qu'il y a des remous dans l'eau, la larve va se cacher dans le fond et remonte quand le calme est revenu. La larve se nourrit d'aliments dissous dans l'eau, mais aussi parfois d'autres larves.

LES MOUCHES

Les mouches vivent partout dans le monde. Elles peuvent transmettre des maladies, car elles se posent en effet n'importe où, aussi bien sur des animaux morts, sur du fumier, que sur nos aliments. Les mouches naissent en été et ne vivent que deux mois environ. En revanche, celles qui naissent à la fin de l'été s'endorment dans les étables ou dans les maisons dès les premiers jours de froid. Elles se réveillent avec les premières chaleurs, si elles ont échappé aux prédateurs comme les araignées.

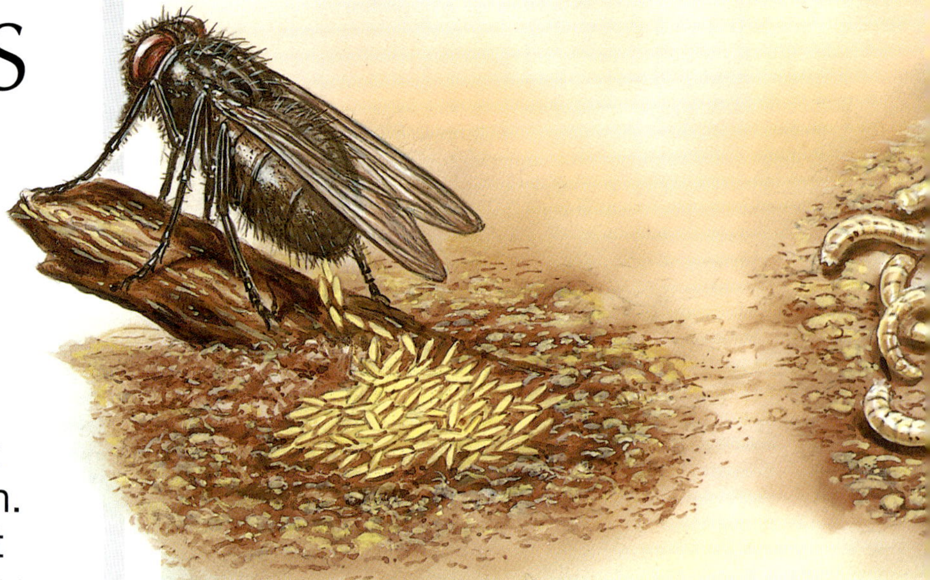

Selon les espèces, les mouches déposent leurs œufs sur la nourriture, sur les plantes, sur le fumier ou sur les animaux morts.

La mouche est acrobate

La mouche peut aussi bien marcher au plafond que sur des vitres ou sur des murs. Ses pattes se terminent par un pied muni de plusieurs coussinets qui se fixent sur les parois comme des ventouses. Ainsi, elle ne tombe pas, même la tête en bas !

Le corps de la mouche est couvert de poils qui captent les informations du monde extérieur (un courant d'air, le déplacement d'un objet, le mouvement d'un animal) et qui les transmettent au cerveau. C'est pourquoi la mouche, qui semble si vigilante, peut fuir le danger extrêmement vite, même s'il arrive par derrière.

La reproduction de la mouche

Peu de temps après, apparaissent de petites larves blanches, plus connues sous le nom d'asticots. Ces larves changent plusieurs fois de peau et se transforment en une sorte de grain de riz marron.

Plus tard, la mouche sort de son enveloppe et s'envole après avoir fait sécher ses ailes. La jeune mouche ne s'éloigne jamais du lieu de sa naissance.

__La mouche domestique__ est la plus commune. Elle vit partout dans le monde. Elle est grisâtre et grande de 6 mm. Elle pond sur les matières pourries, le lait, le pain et la viande.

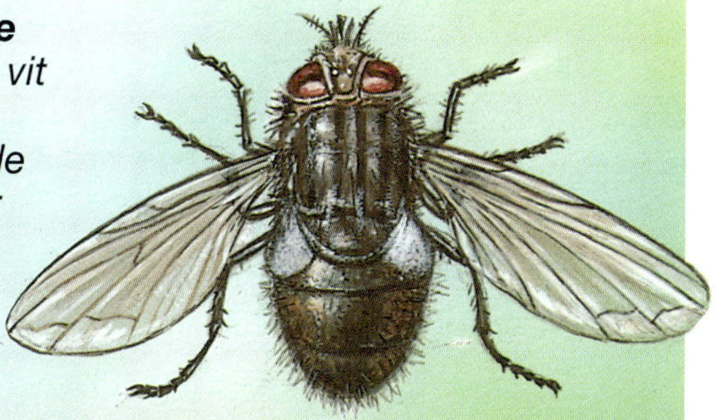

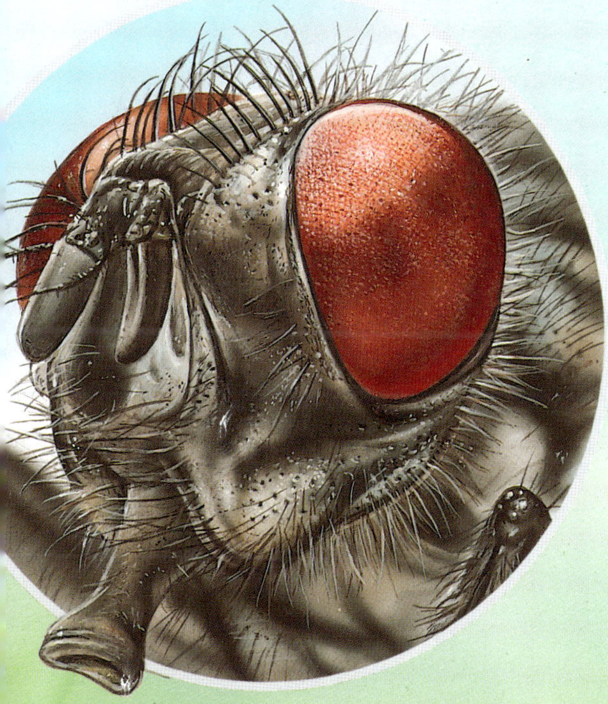

Une tête de monstre

La tête d'une mouche est constituée de deux gros yeux composés de milliers de petites facettes, qui lui permettent de voir partout en même temps, et d'une trompe qui lèche et aspire toute sa nourriture.

__La mouche verte de la viande__ est une grosse mouche de 1 cm. Elle pond ses œufs sur les excréments et les cadavres.

__La mouche tsé-tsé__ appartient à la famille des mouches glossines. Elle est très dangereuse car elle transmet à l'homme une maladie mortelle qu'on appelle « la maladie du sommeil ».

LE HANNETON

Le hanneton est un insecte trapu, avec deux grandes antennes au-dessus de la tête et trois paires de pattes, comme tous les insectes. Il appartient à la famille des coléoptères, qui regroupe un grand nombre d'espèces, environ 300 000, dont les coccinelles.
La paire d'ailes postérieures et membraneuses des coléoptères est protégée par des élytres, sorte d'ailes rigides. Ce sont de véritables armures, qui se déplient lorsque l'insecte s'envole, pour ne pas gêner les vraies ailes et améliorer l'aérodynamisme. Le vol des hannetons reste assez lourd.

La vie de la larve de hanneton

C'est au début de l'été que la femelle disparaît sous terre pour pondre. Trois semaines après environ, les larves naissent.

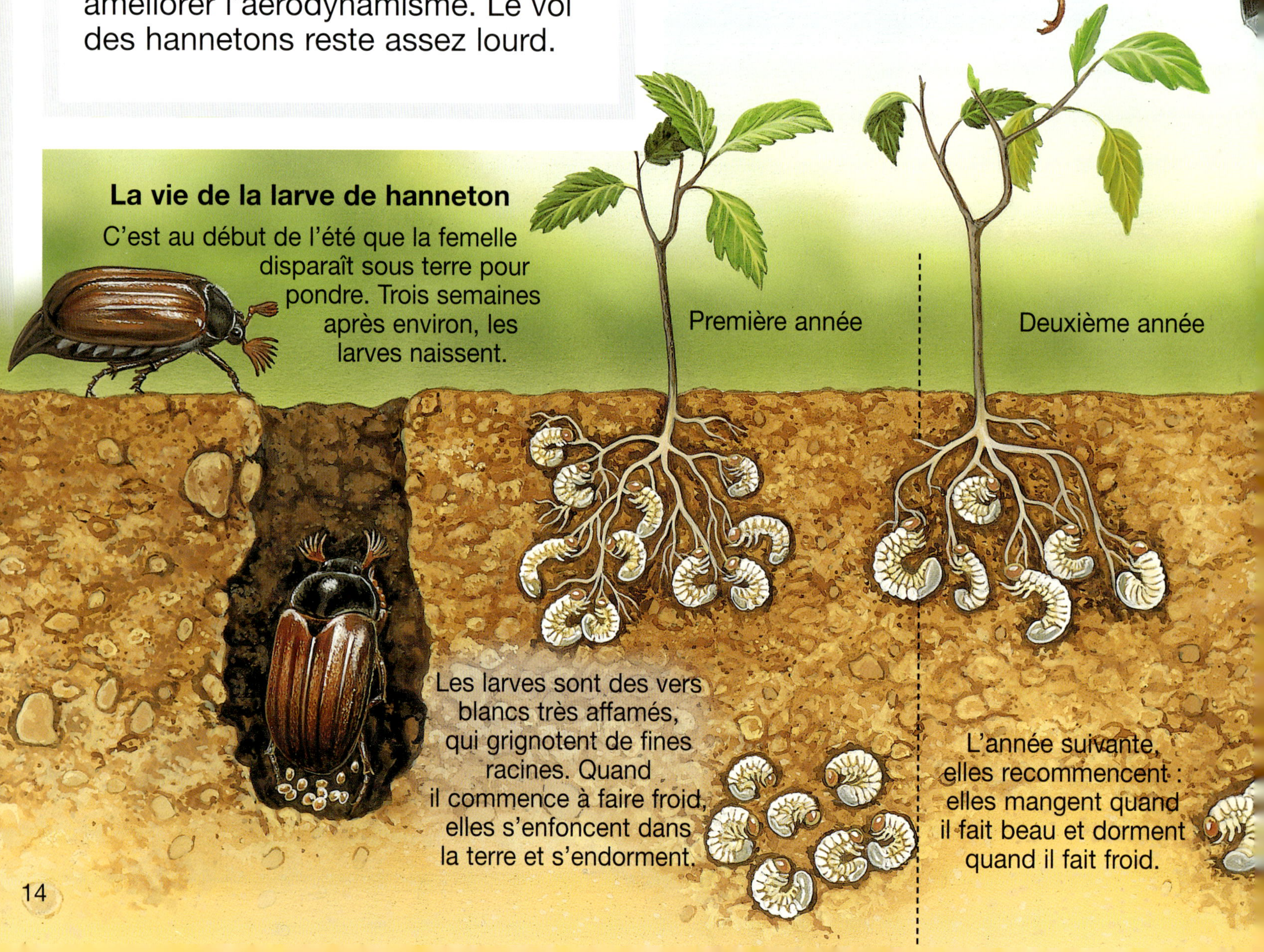

Les larves sont des vers blancs très affamés, qui grignotent de fines racines. Quand il commence à faire froid, elles s'enfoncent dans la terre et s'endorment.

L'année suivante, elles recommencent : elles mangent quand il fait beau et dorment quand il fait froid.

La technique de vol

Avant de décoller, le hanneton échauffe ses muscles en gonflant et dégonflant son abdomen. Il déploie ses antennes qui captent les courants d'air. Il dégage ses ailes postérieures en soulevant ses élytres. Il se jette dans le vide en poussant sur ses pattes arrière. Il les maintient bien tendues pour avoir une position aérodynamique. Il contracte les muscles verticaux et horizontaux de son thorax pour battre des ailes qui, elles, n'ont pas de muscles.

Un vrai glouton

Dès qu'il sort de terre, le hanneton se met à dévorer les feuilles des arbres et les pétales des fleurs. Une certaine espèce de hanneton se nourrit de truffes, petits champignons noirs, comestibles et très rares. Il s'arrête soudain en plein vol, s'abat sur le sol et creuse pour trouver le champignon.

C'est à nouveau l'été : les petites larves ont grossi. Elles font d'importants dégâts en détruisant les racines. Puis ces larves s'arrêtent de manger et se transforment en nymphes.

Elles s'enroulent dans une matière transparente, comme des momies. À l'intérieur, l'insecte se développe : les antennes, les pattes et les ailes apparaissent.

Cette dernière étape dure encore plusieurs mois. Quand l'insecte est formé, il sort de sa nymphe et remonte à la surface pour s'envoler dans les airs.

LA SAUTERELLE

La sauterelle vit l'été. Elle aime la chaleur et le soleil. Il suffit de marcher dans les champs pour la voir bondir. Elle a deux paires de grandes ailes mais elle préfère fuir en sautant. Elle se nourrit d'herbe et de feuilles, qu'elle broie entre ses mâchoires, qu'on appelle des mandibules. Elle attrape aussi parfois de petits insectes. La sauterelle chante comme le criquet. On dit qu'elle stridule. Pour produire des sons, elle frotte ses ailes l'une contre l'autre tandis que le criquet frotte ses pattes munies d'épines sur une partie de ses ailes.

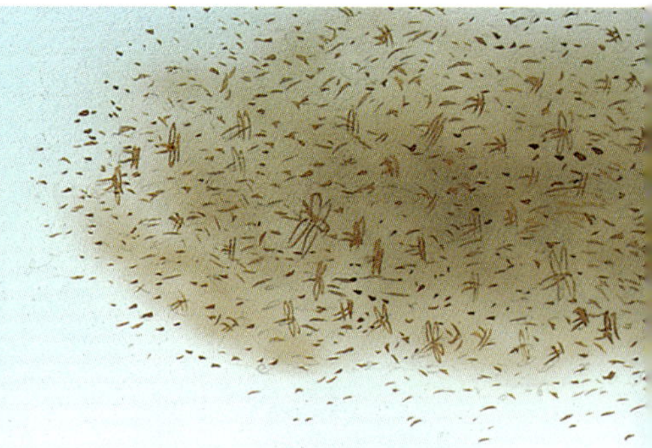

Criquets et sauterelles

Les criquets ressemblent aux sauterelles, mais, contrairement à elles, l'extrémité de leur corps est terminée par une longue pointe et leurs antennes sont plus courtes.

La sauterelle fait des bonds impressionnants qui représentent parfois près de ving

La ponte des œufs

À la fin de l'été, la sauterelle pond ses œufs, en général dans le sol. Son corps est terminé par une tarière. C'est une sorte de tube qui lui permet de creuse des trous dans le sol et d'y déposer des œufs. Elle les enveloppe ensuite de salive qui, en durcissant, les protège. Les œufs éclosent au printemps suivant.

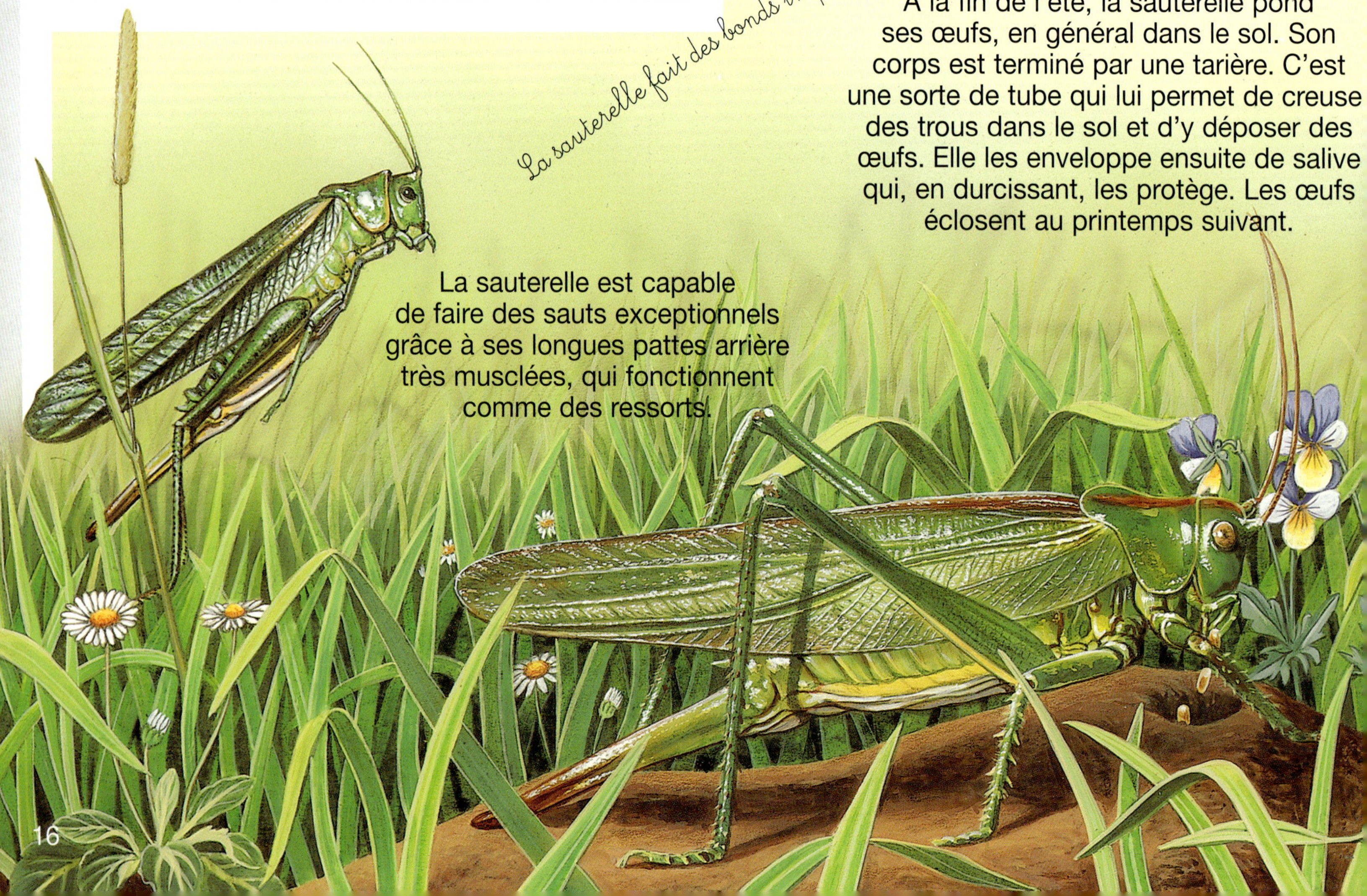

La sauterelle est capable de faire des sauts exceptionnels grâce à ses longues pattes arrière très musclées, qui fonctionnent comme des ressorts.

Les criquets ravageurs

Les criquets sont nuisibles car, dans certaines régions, particulièrement en Afrique, ils sont capables, pour se nourrir, de s'abattre par milliers sur les cultures ou les arbres fruitiers et de détruire toute la végétation en quelques heures. Les criquets qui vivent généralement solitaires forment ces nuages lorsqu'ils se regroupent pour la migration.

fois sa longueur. Si l'homme faisait la même chose, il traverserait un terrain de football en trois sauts !

Les petites sauterelles ressemblent à leurs parents, mais elles n'ont pas d'ailes. Avant d'être adultes, elles subissent plusieurs transformations et change de peau qui devient trop petite au fur et à mesure qu'elles grandissent. Après la ponte, le mâle et la femelle meurent.

LES FOURMIS

Les fourmis sont organisées en société avec une reine, assez grosse, des ouvrières de petite taille et des soldats un peu plus grands, chargés de défendre la fourmilière. Les fourmis mâles sont peu nombreuses et ne servent qu'à féconder la reine. Certaines fourmis, notamment celles qui vivent en Afrique, sont redoutables. Elles sont capables de manger un cheval entier en laissant seulement le squelette. Les fourmis vivent dans une fourmilière construite dans le sol et constituée de nombreuses chambres reliées entre elles par des galeries.

En quête de nourriture

Lorsque les ouvrières partent à la recherche de nourriture, elles forment de longues files. Quand une fourmi a fait une découverte intéressante, elle va chercher de l'aide et prévient ses compagnes en tapotant leurs antennes avec les siennes. Les fourmis, qui sont carnivores, mangent des larves et des insectes. Elles peuvent aussi manger un rongeur mort. Elles servent donc souvent à nettoyer les forêts.

L'organisation de la fourmilière

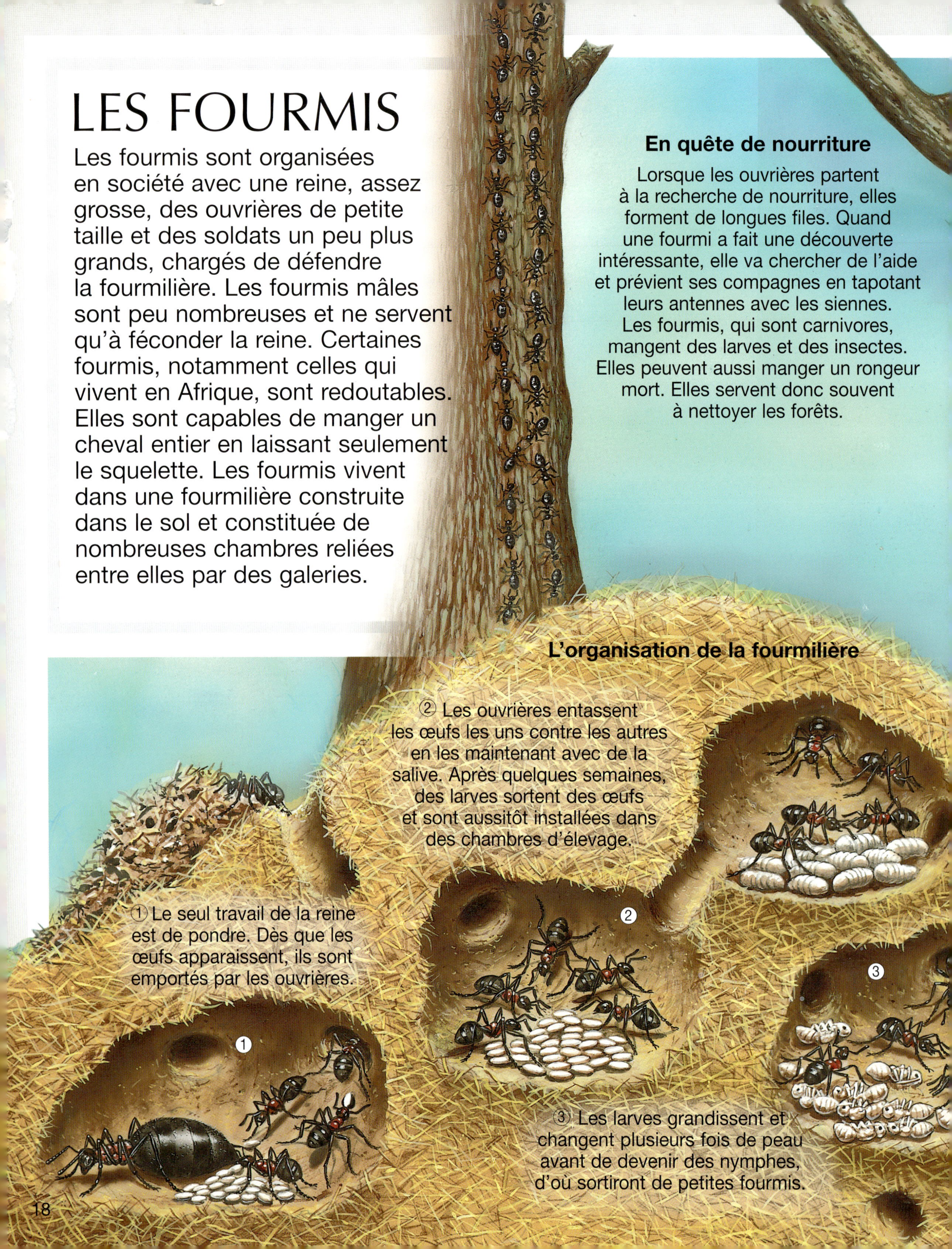

① Le seul travail de la reine est de pondre. Dès que les œufs apparaissent, ils sont emportés par les ouvrières.

② Les ouvrières entassent les œufs les uns contre les autres en les maintenant avec de la salive. Après quelques semaines, des larves sortent des œufs et sont aussitôt installées dans des chambres d'élevage.

③ Les larves grandissent et changent plusieurs fois de peau avant de devenir des nymphes, d'où sortiront de petites fourmis.

La coupeuse de feuilles

Chez l'espèce attinée d'Amérique du Sud, la fourmi transporte des feuilles et des fleurs qu'elle a préalablement découpées. À la fourmilière, elle en fait une bouillie, sur laquelle elle cultive des champignons, dont elle se nourrit.

La fourmi à miel

Cette ouvrière américaine ne quitte jamais le nid et reste suspendue au plafond de la fourmilière pendant toute sa vie. Elle a pour rôle de transformer la nourriture qu'elle avale en une sorte de miel qui nourrit les membres de la communauté en cas de sécheresse. Elle stocke ce miel dans son abdomen qui se détend et prend la forme d'une sphère.

L'œuf se développe et devient une larve.

La nymphe se fabrique un cocon et ses membres apparaissent.

Après 40 jours de soins et de mue, l'ouvrière sort de son cocon et se met au travail.

L'élevage des pucerons

Les fourmis ont besoin de substances sucrées pour nourrir les larves. Certains insectes, et surtout les pucerons, produisent une sorte de miel. Les fourmis installent des élevages près de la fourmilière. Les ouvrières sont chargées de récupérer le nectar en pressant ou en tapotant les pucerons jusqu'à ce qu'une goutte en sorte.

LA LIBELLULE

La libellule est un des plus gros insectes vivant sur Terre et un des plus rapides. Elle peut en effet voler à près de 60 km/h, grâce à son corps fin et allongé et à ses très grandes ailes. Celles-ci ne se rabattent pas en arrière au repos. Sa tête, qui peut tourner dans tous les sens, et ses gros yeux composés de milliers de facettes lui permettent d'apercevoir les insectes, dont elle se nourrit, quel que soit l'endroit où ils se trouvent. Son principal ennemi est le poisson qui l'attrape lorsqu'elle s'approche de la surface de l'eau.

Les yeux de la libellule

Ils sont constitués de milliers de minuscules éléments appelés facettes. Chaque facette est une lentille qui fonctionne comme un œil indépendant et transmet une image au cerveau par un nerf optique. La libellule voit donc un objet avec une multitude de points de vue. La libellule est l'insecte qui possède le plus de lentilles.

***L'æschne bleue** est une grande libellule qui vit en Europe.*

La reproduction

Dès le mois de mai, et surtout pendant les mois de juillet et août, le mâle et la femelle joignent leurs deux corps pour se reproduire. Ils forment ainsi un cœur et peuvent voler dans cette position.

La femelle pond dans l'eau

La libellule pond en général à la surface de l'eau. Elle plonge à plusieurs reprises l'extrémité de son abdomen dans l'eau et éjecte ses œufs, qui vont se déposer sur le fond ou sur des herbes aquatiques. Après quelque temps, une larve, qui ressemble déjà à l'adulte, sort de l'œuf et vit dans l'eau pendant plusieurs mois.

Chasseur d'insectes

La libellule se nourrit presque exclusivement d'insectes, qu'elle attrape en plein vol en s'aidant de ses longues pattes hérissées de piquants rigides. En s'élançant dans l'air, elle forme avec ses pattes et les piquants une sorte de filet dans lequel se prennent les petits insectes. Pris au piège, ils sont ensuite broyés dans ses puissantes mâchoires.

La vie de la larve

La larve grandit et grossit très vite. C'est une vraie gloutonne, avalant tout ce qui passe près d'elle. Elle se nourrit aussi bien de petits poissons, de têtards que d'autres larves d'insectes. Elle cache sous sa tête une arme redoutable : un organe très curieux, appelé masque, muni de deux pinces (1). La larve le projette en avant quand elle veut se saisir d'une proie et le replie lorsqu'elle a attrapé sa victime entre ses mâchoires.

Elle change plusieurs fois de peau avant d'atteindre sa taille définitive, celle d'une allumette. Elle arrête alors de se nourrir. Elle grimpe le long d'une tige de roseau et sort de l'eau (2). Un peu plus tard, sa peau se craquelle derrière la tête et une libellule apparaît. Celle-ci se tortille pour sortir de son ancienne peau. Lorsque ses ailes sont bien sèches et son corps droit et rigide, la nouvelle libellule prend son envol.

LA COCCINELLE

Comme le hanneton, la coccinelle est un coléoptère. Ses ailes fragiles sont protégées par des élytres. Il existe de nombreuses espèces. Toutes sont de forme globuleuse. Quand elle se sent en danger, la coccinelle crache un jus jaune qui sent très mauvais et éloigne les oiseaux ou les autres insectes qui voudraient la manger. Pendant l'hiver, les coccinelles se regroupent et se serrent les unes contre les autres sous un tas de feuilles ou sous un morceau d'écorce. Au printemps, elles se réveillent et cherchent un compagnon pour se reproduire.

L'envol

Avant de s'envoler, la coccinelle déploie ses élytres pour dégager ses ailes. Elle utilise les courants aériens, notamment les courants ascendants, et peut voler jusqu'à deux mille mètres d'altitude. En hiver, certaines espèces migrent, d'autres se regroupent dans un endroit tranquille et abrité. Seulement la moitié d'entre elles survivent au froid.

La reproduction

① Les accouplements ont lieu au printemps. Ils sont très nombreux. La coccinelle se reproduit vite et en grande quantité. Une femelle donne naissance à un millier de larves en une vie.

② La coccinelle pond de petits œufs orangés pas très loin des pucerons que les larves pourront manger. Elle pond jusqu'à cinquante œufs en une journée.

①

②

Consommatrices de pucerons

Les larves et les coccinelles adultes se nourrissent essentiellement de pucerons. Une larve, pendant sa transformation, peut en manger jusqu'à trois mille ! C'est très utile aux cultivateurs car les pucerons sont des insectes nuisibles qui font mourir les plantes.

De toutes les couleurs

Il existe environ quatre mille espèces de coccinelles : des rouges, des noirs, des jaunes, avec plus ou moins de points sur le dos. Les plus connues sont rouges avec deux ou sept points noirs. Mais toutes ne sont pas ornées de points ; certaines sont rayées !

Des centaines de pucerons aspirent la sève d'une plante avec leur bouche en forme d'aiguille, qu'ils enfoncent dans la tige. Ils ne réagissent pas à l'arrivée de la terrible coccinelle. Cette dernière les tâte avec ses antennes, les enduit de suc digestif, qui les ramollit, puis elle les aspire et les broie. En quelques heures, elle les a tous dévorés.

③ Au bout de cinq à huit jours, les œufs éclosent et de petites larves grises piquetées d'orange apparaissent, pas plus grosses qu'une tête d'épingle, mais très voraces.

④ Quelque temps après, chaque larve arrête de s'alimenter, se fixe à une feuille et se transforme en une nymphe, d'où sortira une petite coccinelle jaune orangé sans pois noirs. Ceux-ci apparaissent plus tard ainsi que la belle couleur rouge.

③

④

LES PAPILLONS

Les papillons sont les insectes les plus connus. Il en existe environ 130 000 espèces différentes réparties dans le monde. On en trouve aussi bien au bord de la mer que dans les montagnes, dans les régions polaires que dans les pays chauds. Il y a de tout petits papillons, qui ne mesurent pas plus de trois millimètres d'envergure (c'est-à-dire ailes déployées) et des papillons géants, qui mesurent jusqu'à trente centimètres. Les papillons ne vivent pas très longtemps : quelques jours ou quelques semaines, selon les espèces.

La femelle dépose ses œufs sur une plante qui servira de nourriture et les abandonne. La plupart sont dévorés par des oiseaux ou des insectes. De chaque œuf sort une larve appelée chenille. Elle est petite mais très vorace. Sa tête est grosse par rapport à son corps. Elle grandit vite et change souvent de peau.

Les ailes du papillon sont couvertes d'écailles qui intensifient leur éclat. Elles tombent peu à peu. Les couleurs servent à séduire un partenaire ou dissuader un prédateur.

Le rôle des antennes

C'est grâce à ses antennes que le papillon est capable de sentir et de reconnaître les plantes sur lesquelles il se pose. Pour absorber les substances sucrées au cœur des fleurs, il dispose d'une petite trompe qu'il enfonce dedans. Au repos, cette trompe est enroulée sous la tête. C'est aussi grâce à ses antennes qu'il peut sentir le parfum de la femelle et ainsi voler vers elle.

La chenille grignote les fleurs, les feuilles et pénètre parfois à l'intérieur des fruits. Quand elle atteint sa taille définitive, elle arrête de s'alimenter, se suspend à une brindille et se transforme en nymphe, dite aussi chrysalide, à l'intérieur de laquelle le papillon se forme.

Lorsqu'il est prêt à sortir, il dégage d'abord sa tête de l'enveloppe de la nymphe, puis à l'aide de ses pattes, il libère le reste de son corps. Il doit ensuite faire sécher ses ailes avant de s'envoler.

La fécondation

La femelle libère des hormones odorantes appelées phéromones pour attirer un partenaire. Le mâle les capte avec ses antennes. La fécondation se déroule dans le corps de la femelle et peut se faire longtemps après l'accouplement.

__Le morpho__ vit en Amérique du Sud. Il a une envergure de 15 cm.

Papillon de jour et papillon de nuit

Les papillons diurnes relèvent leurs ailes à la verticale. Leurs antennes sont terminées par une massue. Leurs couleurs sont vives. Ils sont généralement sédentaires, mais il existe quelques espèces migratrices. Les papillons nocturnes sont plus nombreux et aussi plus discrets. Leurs couleurs sont souvent ternes. Ils étalent leurs ailes à plat. Leurs antennes sont terminées par une sorte de peigne.

__L'atlas__ est un papillon de nuit d'Asie du Sud-Est. De tous les insectes, il a les plus grandes ailes.

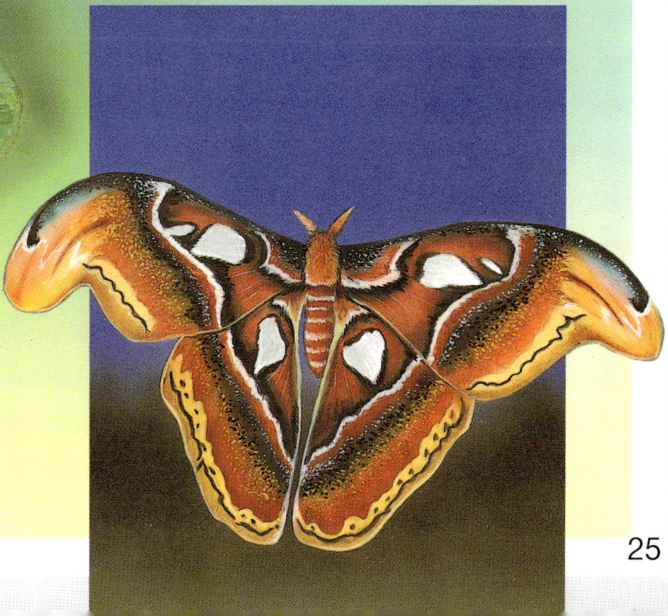

LES ABEILLES

Les abeilles vivent en groupes bien organisés dans des ruches créées par l'homme, ou dans la nature dans les creux d'arbres ou de rochers. Chaque groupe est constitué d'une reine, d'abeilles ouvrières et de mâles, les faux bourdons. Les abeilles butinent les fleurs et rapportent dans leur estomac le nectar, substance sucrée, qui servira à la fabrication du miel. Elles transportent aussi entre leurs pattes de petites boules de pollen destinées à nourrir la ruche. Quand une abeille pique, l'aiguillon reste dans la peau. Elle meurt en s'arrachant l'abdomen.

La reine, nourrie par des ouvrières, a un seul travail : pondre. C'est l'unique abeille à pondre dans la ruche. Elle dépose chaque œuf dans une alvéole, qui est une petite case en cire, faite par les ouvrières (1).

L'essaim...

Quand une reine quitte la ruche, elle est accompagnée de milliers d'abeilles. L'ensemble de ces abeilles s'appelle un essaim. Il se regroupe sur une branche, dans un mur ou sous un toit.

L'ouvrière

Son travail varie en fonction de son âge. Au début de sa vie, qui dure quatre ou cinq semaines, elle surveille la température de la ruche et sa propreté. Puis elle nourrit les larves et prend soin d'elles. Ensuite, elle range la nourriture et fabrique de nouvelles alvéoles avec la cire qu'elle sécrète. Enfin, elle sort et va butiner les fleurs pour rapporter les aliments nécessaires à la ruche.

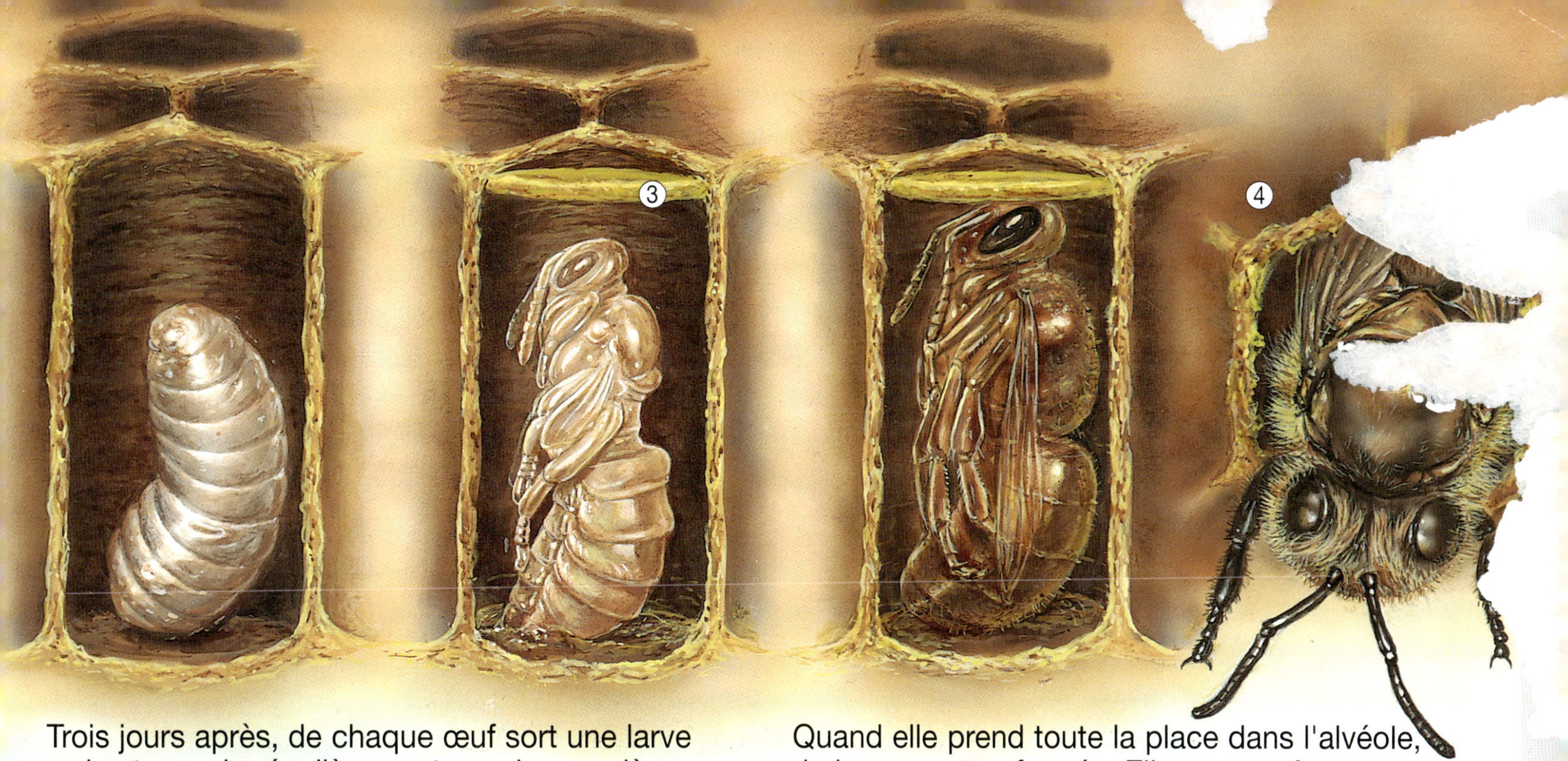

Trois jours après, de chaque œuf sort une larve qui est nourrie régulièrement par des ouvrières nourricières (2). Suivant la qualité de son alimentation, la larve deviendra une ouvrière ou une reine. Elle grossit et mue quatre fois.

Quand elle prend toute la place dans l'alvéole, la larve y est enfermée. Elle se transforme en nymphe (3). Après une cinquième mue, une jeune abeille sort au vingt-et-unième jour. Avec ses mandibules, elle retire le couvercle de l'alvéole (4).

La reine *Le faux bourdon* *L'ouvrière*

... et la ruche

L'apiculteur est la personne qui élève les abeilles. Il récolte l'essaim et l'introduit dans une ruche. Aussitôt, à l'intérieur, les abeilles s'organisent : la reine se met à pondre et les ouvrières travaillent.

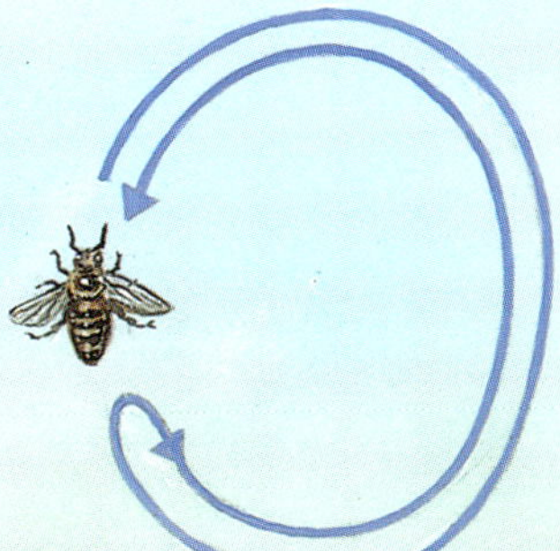

Si l'abeille vole en rond, cela signifie que la source de nourriture est proche. Si elle forme un huit, la source de nourriture est éloignée.

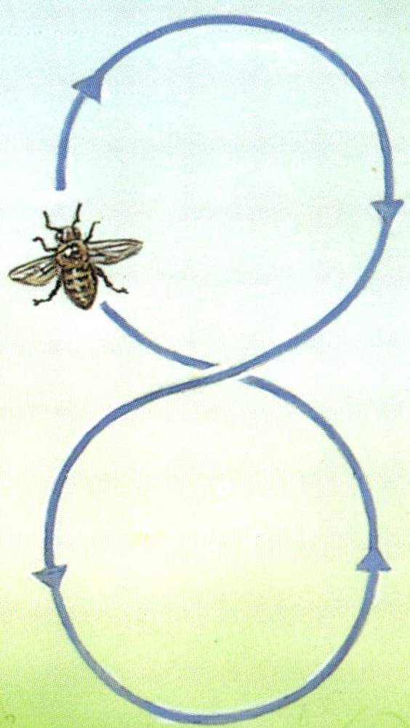

Un langage codé

L'abeille danse pour transmettre un message qui localise une source de nourriture et sa qualité. Elle donne des précisions avec sa trajectoire, la vitesse de son vol et les mouvements de son corps.

TABLE DES MATIÈRES

MDS : 133432N1
ISBN : 978-2-215-08064-0

Conforme à la loi n°49-956 du 16 juillet 1949
sur les publications destinées à la jeunesse.
Dépôt légal à la date de parution.
Imprimé en Italie (09-16)